RENFORCEMENT DE L'ESPRIT D'ÉQUIPE POUR LES MANAGERS

RENFORCEMENT DE L'ESPRIT D'ÉQUIPE POUR LES MANAGERS

Série " Compétences en gestion pour les gestionnaires "
Par : D.K. Hawkins
Version 1.1 ~septembre 2021
Publié par D.K. Hawkins sur KDP
Copyright ©2021 par D.K. Hawkins. Tous droits réservés.

Aucune partie de cette publication ne peut être reproduite, distribuée ou transmise sous quelque forme ou par quelque moyen que ce soit, y compris la photocopie, l'enregistrement ou d'autres méthodes électroniques ou mécaniques ou par tout système de stockage ou de récupération de l'information, sans l'autorisation écrite préalable des éditeurs, sauf dans le cas de très brèves citations incorporées dans des critiques et de certaines autres utilisations non commerciales autorisées par la loi sur le droit d'auteur.

Tous droits réservés, y compris le droit de reproduction totale ou partielle sous quelque forme que ce soit.

Toutes les informations contenues dans ce livre ont été soigneusement recherchées et vérifiées quant à leur exactitude factuelle. Cependant, l'auteur et l'éditeur ne garantissent pas, de manière expresse ou implicite, que les informations contenues dans ce livre conviennent à chaque individu, situation ou objectif et n'assument aucune responsabilité en cas d'erreurs ou d'omissions.

Le lecteur assume le risque et l'entière responsabilité de toutes ses actions. L'auteur ne sera pas tenu responsable des pertes ou des dommages, qu'ils soient consécutifs, accidentels, spéciaux ou autres, qui pourraient résulter des informations présentées dans ce livre.

Toutes les images sont libres d'utilisation ou achetées sur des sites de photos de stock ou libres de droits pour une utilisation commerciale. Pour ce livre, je me suis appuyé sur mes propres observations ainsi que sur de nombreuses sources différentes, et j'ai fait de mon mieux pour vérifier les faits et accorder le crédit qui leur est dû. Dans le cas où du matériel serait utilisé sans autorisation, veuillez me contacter afin que l'oubli soit corrigé.

Les informations fournies dans ce livre le sont à titre informatif uniquement et ne sont pas destinées à être une source de conseils ou d'analyse de crédit en ce qui concerne le matériel présenté. Les informations et/ou documents contenus dans ce livre ne constituent pas des conseils juridiques ou financiers et ne doivent jamais être utilisés sans avoir consulté au préalable un professionnel de la finance afin de déterminer ce qui convient le mieux à vos besoins individuels.

L'éditeur et l'auteur ne donnent aucune garantie ou autre promesse quant aux résultats qui peuvent être obtenus en utilisant le contenu de ce livre. Vous ne devez jamais prendre de décision d'investissement sans consulter au préalable votre propre conseiller financier et sans effectuer vos propres recherches et diligences. Dans toute la mesure permise par la loi, l'éditeur et l'auteur déclinent toute responsabilité dans le cas où les informations, commentaires, analyses, opinions, conseils et/ou recommandations contenus dans ce livre s'avéreraient inexacts, incomplets ou peu fiables, ou entraîneraient des pertes d'investissement ou autres.

Le contenu de ce livre n'est pas destiné à et ne constitue pas un conseil juridique ou un conseil en investissement et aucune relation avocat-client n'est établie. L'éditeur et l'auteur fournissent ce livre et son contenu sur une base "telle quelle". Vous utilisez les informations contenues dans ce livre à vos propres risques.

TABLE DES MATIÈRES

TABLE DES MATIÈRES 3

INTRODUCTION 5

CHAPITRE 1 9

    La constitution d'une équipe et ses objectifs. 9

CHAPITRE 2 16

    Quelles sont les caractéristiques d'une équipe gagnante? .. 16

CHAPITRE 3 21

    Quelles méthodes puis-je utiliser pour motiver mon équipe? 21

CHAPITRE 4 28

    Faites participer tout le monde à des activités de renforcement de l'esprit d'équipe. 28

CHAPITRE 5 36

    Événements de renforcement de l'esprit d'équipe et attentes. 36

CHAPITRE 6 46

    Accroître la compétitivité grâce aux activités de renforcement de l'esprit d'équipe. 46

CHAPITRE 7 51

    Les fondements de la gestion de la diversité dans la constitution d'équipes. 51

CHAPITRE 8 55

Ouvrir les lignes de communication pour impliquer tout le monde. 55

CHAPITRE 9 60

Techniques de renforcement de l'esprit d'équipe pour les managers. 60

CHAPITRE 10 66

Améliorer l'efficacité de votre stratégie de consolidation d'équipe. 66

CHAPITRE 11 73

Utiliser les jeux de construction d'équipe pour repenser la stratégie du groupe. 73

CHAPITRE 12 77

Facilitation de la constitution d'équipes et mentorat. 77

CONCLUSION. 84

INTRODUCTION.

Les conflits ou l'incertitude peuvent nuire considérablement à la productivité et au flux de travail d'une équipe, et tout manager digne de ce nom en attestera. Bien entendu, l'inverse est vrai. Une équipe qui s'unit, s'entend et travaille produira un travail de grande qualité et un volume de production élevé.

En tant que manager, vous pouvez faire ressortir le meilleur de votre équipe grâce à des exercices de consolidation d'équipe, à la fois collectivement et individuellement. Ces exercices peuvent être aussi complexes ou simples que vous le souhaitez, mais ils favoriseront une éthique d'équipe positive.

Si vous formez une équipe, c'est pour réussir, pour travailler à un objectif commun. Peu importe que l'objectif soit lié aux affaires, au sport ou à autre chose. Il peut s'agir d'un projet de grande envergure ou d'un ensemble de tâches plus petites aboutissant à un produit fini ou à une conclusion. Cela n'a aucune importance ; ce qui compte, c'est qu'une équipe productive puisse travailler en collaboration, en se concentrant totalement sur l'atteinte de l'objectif et la réussite.

En inculquant à chaque membre du groupe un sentiment d'appartenance tant au projet qu'au résultat, l'équipe se sentira plus importante, ce qui favorisera une compréhension partagée des responsabilités. Vous pouvez commencer par énoncer vos objectifs et décrire votre stratégie pour les atteindre.

Cela favorisera l'engagement de l'équipe, et c'est également le moment idéal pour discuter des difficultés ou des réserves que votre équipe pourrait avoir concernant le projet. Pour faciliter la résolution de toute préoccupation future, établissez des indicateurs de progrès - s'ils ne sont pas atteints, vous le saurez et vous y remédierez ; s'ils le sont, un sentiment d'accomplissement rayonnera dans toute l'équipe, ce qui l'encouragera.

Le projet sur lequel vous travaillez dicte en fin de compte les tactiques de renforcement de l'esprit d'équipe que vous allez employer. Il peut s'agir d'un projet de groupe dans lequel chacun apporte sa contribution, d'un projet dirigé par la direction dans lequel la direction a un pouvoir d'orientation considérable, ou de l'ensemble de l'organisation fonctionnant comme une seule équipe.

Dans le cadre d'un projet de groupe, il faudra mettre davantage l'accent sur les forces et les capacités de chacun, car il nécessitera un travail d'équipe et un effort indépendant. Vous devrez promouvoir le moral et faire face aux attitudes négatives.

Vous devez vous efforcer d'intégrer des tactiques de renforcement de l'esprit d'équipe dans les tâches quotidiennes du projet. Bien qu'un projet de groupe favorise naturellement l'esprit d'équipe, en incluant vos tactiques, vous pouvez vous assurer que cet esprit d'équipe est maintenu et que chaque individu conserve sa voix - et ses tâches - tout en collaborant avec ses coéquipiers.

En dehors du lieu de travail, il peut être intéressant de consacrer du temps au développement de votre équipe en organisant des événements de renforcement de l'esprit d'équipe et des escapades de week-end en dehors du lieu de travail. Une entreprise de gestion d'événements d'entreprise est une excellente ressource pour organiser ce type d'exercice de développement d'équipe, et il existe de nombreuses options disponibles.

Les journées de renforcement de l'esprit d'équipe comprennent différentes activités qui obligent les individus à collaborer et se sont avérées être un succès majeur pour de nombreuses entreprises.

En fusionnant vos idées dans un cadre amusant, productif et passionnant en tant que manager, vous pouvez aider votre équipe à travailler plus efficacement. Tout ce qu'il faut, c'est un peu de temps pour examiner les objectifs que vous souhaitez atteindre et les compétences que vous voulez inculquer à votre équipe pour qu'elle atteigne son plein potentiel.

Continuez à lire pour en savoir plus.

CHAPITRE 1

La constitution d'une équipe et ses objectifs.

Le développement d'équipes performantes profite à l'entreprise, à ses clients, aux équipes et à tous les membres de l'équipe dans toute organisation. Pour réussir le team-building, il est essentiel de se concentrer comme un laser sur les objectifs et les buts ainsi que sur les avantages du team-building pour l'entreprise ou le lieu de travail en question.

Les objectifs primordiaux.

Certains pensent qu'il s'agit de s'adonner à des jeux frivoles ou de s'adonner à des activités parascolaires coûteuses et inutiles. Les managers et les hommes d'affaires qui pensent cela rejetteront immédiatement la proposition comme une perte totale de temps et d'argent.

D'autres, confrontés à des problèmes sur le lieu de travail tels que des conflits de groupe, des performances médiocres ou des employés démotivés, peuvent considérer le team building comme un objectif souhaitable mais irréaliste. Ils ne maîtrisent pas le développement de l'équipe ou le rôle essentiel du leadership dans l'obtention d'un rendement élevé.

Le développement de l'équipe est un PROCESSUS qui se déroule dans le temps. La procédure commence avec un groupe de personnes, deux ou plus, et un leader. Le résultat final du processus est une équipe très performante qui est très motivée pour améliorer ses performances, dispose de méthodes et de systèmes bien développés pour organiser sa charge de travail, et tire une énorme satisfaction de ses réalisations communes.

Les objectifs généraux sont d'atteindre ce niveau de performance et de faire passer le groupe par de nombreuses étapes de développement jusqu'à ce qu'il atteigne ce niveau. Cependant, il existe des processus ou des phases distinctes, chacune ayant des objectifs et des buts spécifiques comme tout autre processus. En vous concentrant sur les bons objectifs à chaque étape et en les modifiant au fur et à mesure que vous progressez, vous pouvez vous aider à atteindre des performances élevées.

Les objectifs de la première étape.

L'étape de formation d'une équipe a des objectifs et des buts très spécifiques. Ces objectifs DOIVENT être atteints pour que le groupe puisse passer à l'étape suivante. La responsabilité du chef d'équipe est de garantir que les objectifs sont atteints.

Les objectifs de l'étape Forming sont les suivants:

1. Lier le groupe pour apprendre à se connaître et développer un sentiment d'équipe. Les activités de renforcement de l'esprit d'équipe contribueront à les souder à ce moment-là.

2. Les aligner sur leur but, leurs buts et leurs objectifs communs

3. Créer une culture d'équipe positive, y compris des points de vue, des valeurs et des normes de comportement partagés.

4. Définir la fonction du leader

Les objectifs de la deuxième étape.

Alors que certains des objectifs initiaux seront reportés à cette étape, de nouveaux objectifs seront créés pour renforcer l'équipe. Cette étape est appelée "Storming" et c'est au cours de cette étape que les membres peuvent remettre en question l'objectif commun, le leadership ou les normes sociales.

Les objectifs à ce stade sont les suivants:

1. Pour qu'ils restent concentrés sur leur mission et leurs objectifs

2. Favoriser des relations de travail positives entre tous les membres en les exposant à différents membres de l'équipe.

3. Favoriser la résolution collaborative des problèmes et la génération de nouvelles idées.

4. Établir des processus qui fonctionnent bien les uns avec les autres, comme les huddles quotidiens, les réunions de résolution rapide des problèmes, les réunions régulières sur l'état d'avancement des travaux et les systèmes de communication.

5. Définir des objectifs spécifiques à court terme et des procédures pour commémorer les réalisations et les étapes importantes

Les objectifs de la troisième étape.

Après l'étape de la tempête, l'équipe s'est rapprochée et a développé un fort sentiment d'engagement pour atteindre son objectif commun. C'est ce qu'on appelle l'étape de normalisation, qui se produit lorsqu'ils travaillent efficacement ensemble et ont mis en place de bons processus et systèmes.

Pour faire passer l'équipe à l'étape suivante, l'accent est déplacé.

Seul un faible pourcentage d'équipes atteint le quatrième niveau, l'équipe hautement performante. En général, c'est parce qu'elles restent coincées au stade de la normalisation. Pour propulser l'équipe vers l'avant, il s'agit maintenant de déplacer l'accent de manière significative.

Jusqu'à présent, la philosophie sous-jacente était qu'il n'y avait pas de "je" dans l'équipe. L'idée est de rassembler l'équipe pour qu'elle atteigne ses objectifs communs. Il s'agit maintenant de réintroduire le "je" dans l'équipe, afin de la maintenir soudée et de favoriser l'excellence individuelle et la spécialisation.

À ce stade, les objectifs sont les suivants:

1. Développer une expertise commerciale, permettant à l'équipe et aux membres individuels d'assumer des responsabilités accrues.

2. Favoriser la créativité, l'innovation et le leadership dans le cadre de projets ou de tâches spécifiques. Le leader a délégué des pouvoirs à l'équipe ou à de plus petites équipes de projet.

3. Adapter ou modifier les procédures pour qu'ils assument davantage de responsabilités. Les réunions d'équipe sont réduites tandis que les équipes de projet sont élargies. Faire tourner la direction des projets ou des réunions.

4. Encourager l'équipe à établir ses objectifs

Grâce à cette cristallisation des objectifs de développement de l'équipe, vous aurez de bien meilleures chances de développer efficacement votre équipe.

CHAPITRE 2

Quelles sont les caractéristiques d'une équipe gagnante?

Comment construire une équipe performante ou, dans le monde de l'entreprise, une société prospère ?

La réponse est simple : maintenir un bon état d'esprit et élaborer un plan gagnant ! Alors que les cadres et les présidents sont responsables de la stratégie, les constructeurs d'équipe et les managers entretiennent un esprit d'équipe positif.

La pensée positive et l'esprit d'équipe sont de puissants facteurs de motivation pour obtenir les meilleures performances des employés et les garder satisfaits. En outre, les membres de l'équipe doivent croire à la fois en leur équipe ou leur entreprise et en la directive. Ils doivent avoir confiance en leur équipe de direction et en leurs collègues, en gardant à l'esprit que tout le monde travaille pour le même objectif.

Éléments de renforcement de l'esprit d'équipe.

Comment organiser un événement de consolidation d'équipe influent qui contribue à la cohésion et à la performance de l'équipe ?

Les principaux facteurs sont les suivants : l'événement doit être agréable, voire plaisant (aucune loi n'exige que le travail soit un endroit misérable et sans humour) ; la réunion doit enseigner quelque chose de précieux et communiquer la leçon à tous les membres de l'équipe ; les travailleurs doivent être formés à la manière d'appliquer ce qu'ils apprennent dans leur routine quotidienne, et les réunions et événements de renforcement de l'esprit d'équipe doivent être programmés régulièrement. Telle est la structure fondamentale de la consolidation d'équipe.

Cependant, il existe d'autres solutions que les managers et les éducateurs peuvent utiliser pour communiquer plus efficacement avec les membres de leur équipe.

Certains managers pensent que l'ajout d'un élément compétitif aux événements, tels que les activités de team building, est une approche pratique pour motiver les employés à court et à long terme.

Si tel est votre objectif, vous pouvez envisager de diviser votre équipe en deux ou plusieurs équipes et de les faire s'affronter dans différents sports et activités. Cette méthode est exceptionnellement efficace pour favoriser l'esprit d'équipe et motiver les employés à accomplir les tâches qui leur sont confiées.

Le rôle important de la stratégie.

Un manager ou un créateur d'équipe doit avoir en tête une stratégie bien définie avant d'organiser l'événement, tout au long de l'événement et dans l'après-coup. Une planification d'équipe efficace implique de connaître à l'avance le but et les objectifs de la réunion.

Y a-t-il un problème de performance au travail ou d'incitation des employés à bien travailler ?

De nouvelles informations doivent-elles être divulguées ou est-il plus important de développer la confiance ?

Tout cela doit être évalué avant la réunion et inclus dans les activités de renforcement de l'équipe. Vous devez structurer les activités de l'équipe et l'équipe elle-même de la manière la plus efficace possible pour atteindre l'objectif.

La communication est également essentielle. Vous devez communiquer les mêmes objectifs à vos employés de manière claire et organisée afin qu'ils puissent se souvenir des principaux éléments de la réunion, même s'ils ne se souviennent pas de tout ce qui a été dit. Les instructions sur ce que chaque membre de l'équipe doit faire doivent être explicites et distribuées à tous les membres de l'équipe pour que personne ne soit laissé dans l'ignorance.

Comprendre la constitution d'une équipe implique d'apprendre à connaître ses coéquipiers sur le plan personnel et professionnel. Un bâtisseur d'équipe comprend que même des détails apparemment insignifiants, tels que l'organisation d'équipes ou l'affectation de personnes spécifiques à d'autres individus, peuvent constituer un handicap ou un atout. Par conséquent, les bâtisseurs d'équipe doivent apprendre à connaître leurs coéquipiers personnellement et être familiers avec les principaux archétypes de personnalités professionnelles.

CHAPITRE 3

Quelles méthodes puis-je utiliser pour motiver mon équipe?

C'est une question qui m'est fréquemment posée lorsque je travaille avec des managers. La motivation fait l'objet de nombreuses études, toutes les écoles de commerce, les revues et les magazines s'y intéressant. Les théories abondent. D'après mon expérience, la motivation n'est pas quelque chose qui peut être "formé" chez les gens. Il ne s'agit pas d'une capacité ou d'une compétence.

La motivation est un processus interne alimenté par nos valeurs et nos croyances intérieures - les choses qui sont les plus importantes pour nous. Lorsque vous comprenez ces valeurs et ces convictions, vous pouvez alors déterminer comment motiver vos collaborateurs.

L'une des options consiste à insuffler des comportements motivants dans votre style de management. Les managers qui excellent dans ce domaine sont non seulement d'excellents managers, mais aussi d'excellents leaders.

Qu'est-ce que cela implique ? Voici quelques questions simples à méditer.

Soyez un patron qui inspire confiance et respect à vos employés - Cela peut sembler évident, mais la confiance et le respect mettent du temps à se développer et peuvent se perdre instantanément. Vos actes gagnent votre confiance et votre respect. Dans quelle mesure êtes-vous fiable ?

Tenez-vous vos promesses ?

Évitez-vous de faire des promesses peu fiables ?

Êtes-vous un défenseur de votre peuple ?

Êtes-vous un loup solitaire ou un joueur d'équipe ?

Reconnaissez-vous les réalisations de votre équipe ?

Connaissez votre équipe - Il s'agit de votre familiarité avec vos coéquipiers.

Quelles sont leurs préférences et leurs aversions ?

Qu'est-ce qui leur tient à cœur ?

N'ont-ils aucune valeur ?

Quelles sont les capacités latentes qu'ils possèdent et que vous pouvez reconnaître et développer ?

Les managers les plus efficaces avec lesquels j'ai travaillé l'ont reconnu.

Ils ont une capacité étonnante à saisir ce qui fait que leurs collaborateurs fonctionnent. Ils prennent le temps d'apprendre à les connaître, que ce soit autour d'un café ou après le travail au pub. Ils appliquent leur expertise pour obtenir les meilleures performances de leurs collaborateurs tout en répondant à leurs besoins.

Offrez à votre équipe un travail passionnant et exigeant. Les personnes intelligentes et ambitieuses aiment les tâches stimulantes et avoir leur mot à dire sur ce qui est accompli ou sur la manière de le faire.

À quelle fréquence entraînez-vous vos employés dans la prise de décisions ?

Êtes-vous efficace pour déléguer des tâches ?

Déléguez-vous ou microgérez-vous votre travail ?

Leur confiez-vous des projets qui les mettent au défi et les aident à apprendre ?

Les aidez-vous dans leurs efforts d'apprentissage ?

Soyez franc dans vos commentaires - Les employés ont besoin de commentaires, même difficiles.

À quelle fréquence donnez-vous du feedback (en dehors des évaluations de performance) ?

Est-ce que vous aseptisez vos messages ?

Vous concentrez-vous sur les comportements limitatifs de la personne et les récompensez-vous ?

Êtes-vous un coach pour vos employés ?

S'il peut être difficile de donner un feed-back honnête, en particulier lorsqu'il y a des problèmes de performance, cela peut être un formidable facteur de motivation lorsque cela est fait correctement. En corollaire, à quelle fréquence sollicitez-vous les commentaires de vos employés ?

Communiquez, communiquez - La communication est l'un des outils de motivation les plus efficaces dont vous disposez, et cela est particulièrement vrai en période de changement. Dans quelle mesure vos employés ont-ils une vue d'ensemble - les objectifs, la stratégie ? Comprennent-ils bien la place qu'ils y occupent ? Comment pouvez-vous les aider à déterminer leur adéquation?

Ne partez pas du principe que, parce que vous avez mentionné quelque chose une fois, le message a été reçu. Les individus perçoivent les informations à travers la "lentille" de leurs valeurs et de leurs croyances. Utilisez différents canaux de communication et, comme toujours, rappelez-vous que les actes sont plus éloquents que les mots.

Les comportements motivants ne suffisent pas toujours à garantir une équipe motivée, et les difficultés organisationnelles échappent parfois au contrôle d'un manager. Cependant, en vous concentrant sur ce que vous pouvez contrôler (et en influençant ce que vous ne pouvez pas), vous pouvez contribuer à accroître la motivation, la loyauté et la productivité des employés.

Par conséquent, chers managers, comment motivez-vous vos équipes ? Distribuez votre sagesse!

CHAPITRE 4

Faites participer tout le monde à des activités de renforcement de l'esprit d'équipe.

Les activités de renforcement de l'esprit d'équipe sont un élément essentiel pour apprendre à diriger efficacement une équipe. Cependant, elles sont plus que cela. Je suis curieux de savoir combien de managers comprennent que nous passons plus de temps avec nos collègues qu'avec nos maris, nos femmes, nos enfants, nos amis et les autres membres de notre famille.

Nous savons généralement très peu de choses sur nos collègues. Néanmoins, nous devons négocier, recevoir des directives, collaborer et nous entendre avec eux quotidiennement. Ouah.

Lorsque la plupart des gens réfléchissent à des activités efficaces de renforcement de l'esprit d'équipe et à la manière de gérer une équipe, ils le font du point de vue d'un manager. En tant que manager, ils doivent aussi voir à travers les yeux de l'employé. Pourquoi ?

Parce que l'employé sera responsable de toutes les tâches assignées par le manager. Le comportement d'un employé a le pouvoir de faire ou de défaire une équipe.

Il doit comprendre la valeur de tout exercice de développement de l'équipe. Ensuite, ils doivent sentir qu'ils peuvent utiliser les leçons apprises. Ils doivent croire que les concepts démontrés par les activités de consolidation d'équipe valent la peine de modifier leur comportement.

Pour que les activités de consolidation d'équipe soient efficaces et pour déterminer comment gérer une équipe, le manager doit d'abord déterminer si lui-même et ceux qu'il supervise ont la même perspective.

Le plus grand succès sera obtenu lorsque les employés auront le sentiment de participer au processus d'amélioration des choses. La vision du manager, quant à elle, doit être façonnée et définie. Certaines questions doivent être posées.

Pourquoi participons-nous à des exercices de consolidation d'équipe ?

Qu'est-ce qui sera différent une fois qu'ils auront terminé leur travail?

Pourrons-nous faire des suggestions au cours du processus ?

Les choses vont-elles s'améliorer ou resteront-elles en l'état ?

Et comment allons-nous faire pour que les choses restent meilleures qu'avant ?

La réponse à ces questions est essentielle pour les performances de l'équipe après les exercices de consolidation d'équipe. Après une session (ou une série de sessions) efficace, le manager doit gérer les individus coopératifs.

Les problèmes devraient être réduits au minimum. Chaque employé devrait se sentir plus confiant à l'idée de se présenter au travail chaque jour. (C'est le moment où vous acceptez de sourire).

Que signifient les activités de consolidation d'équipe pour vous en tant qu'employé ?

Sont-elles importantes ?

Sont-elles bénéfiques ?

Sont-elles inefficaces ?

Ou contribuent-elles à faire en sorte qu'aller au travail chaque jour soit une meilleure expérience qu'auparavant ? C'est important.

Le lieu de travail doit être une amélioration par rapport à ce qu'il était auparavant. C'est l'objectif que tout manager doit s'efforcer d'atteindre. Il est important de sélectionner des activités utiles pendant le temps que le manager passe hors du bureau s'il souhaite avoir une équipe plus soudée qu'avant.

La variété des outils de team building à la disposition des managers permet de développer le travail en équipe. L'objectif est d'améliorer la façon dont les individus collaborent en permanence. Au minimum, les questions posées ci-dessous devraient être abordées dans le cadre du processus de planification de la sélection des activités de consolidation d'équipe.

Il y a deux avantages importants à sélectionner des activités qui encouragent la collaboration. Le premier est l'amélioration du rendement au travail, mais le plus important est de ne pas aborder les problèmes de rendement tous les mois.

Les exercices de consolidation d'équipe sont essentiels dans tout environnement de bureau, même si les membres de l'équipe sont géographiquement dispersés. Ces activités aident à briser la glace entre les collègues et donnent aux managers l'occasion de connaître les membres de leur équipe à un niveau plus personnel.

Les membres du personnel de bureau viennent d'horizons différents et doivent donc communiquer efficacement. Par conséquent, l'introduction d'idées de cohésion d'équipe est nécessaire pour briser la glace.

Le travail et la responsabilité du manager sont d'inclure tout le monde dans les activités de cohésion d'équipe. Voici quelques stratégies simples pour y parvenir sans causer trop de perturbations :

Inclure l'amusement : Toute activité de renforcement de l'esprit d'équipe qui ne se termine pas par le sourire de l'équipe et la création de souvenirs positifs. Une combinaison de 70% d'amusement et de 30% de travail garantit le succès de l'activité. Évitez également d'insister excessivement sur l'aspect ludique ; au contraire, permettez à chacun d'être lui-même et de considérer les idées de renforcement de l'esprit d'équipe comme agréables.

Votre équipe est composée des personnes suivantes : Reconnaissez le profil de l'équipe. De cette manière, vous connaîtrez leurs avantages et leurs inconvénients. Essayez d'en savoir plus sur leur histoire personnelle et leur mode de vie. Cela vous aidera à identifier les aspects de l'équipe qui nécessitent une attention particulière.

Contact : Les stratégies de cohésion d'équipe qui n'impliquent pas un niveau élevé de contact et d'interaction entre les membres sont inefficaces. Pour garantir l'efficacité de l'exercice, il est important de fournir aux membres une plate-forme commune de communication. Répartissez les membres de l'équipe en équipes composées d'un mélange homogène d'individus aux qualités variées.

Nous avons indiqué que les activités doivent être agréables, mais vous devez constamment garder la composante travail de 30%. Ils s'ennuieront s'ils ne peuvent pas relier l'activité à quelque chose dans leur environnement de travail.

Cela aide les enfants à comprendre la valeur du travail d'équipe. Vous pouvez relier les activités à des jeux et à d'autres activités en mentionnant quelque chose du genre : "Ceci est similaire à la fois où l'équipe Xyz a réalisé l'activité suivante et."

Il est important de tenir compte de la durée des activités. Il est généralement préférable de répartir les tâches tout au long de l'heure plutôt que de faire traîner une seule activité pendant des heures. Des activités régulièrement espacées améliorent votre capacité d'attention et contribuent à maintenir la composante "plaisir".

Prévoyez toujours des activités de secours ou de remplacement si une activité ne parvient pas à mobiliser les participants ou si vous ne parvenez pas à maintenir l'attention des membres de l'équipe.

CHAPITRE 5

Événements de renforcement de l'esprit d'équipe et attentes.

Un autre mot fourre-tout que nous entendons souvent, en tant que managers, et auquel nous essayons de répondre est "consolidation d'équipe". La consolidation d'équipe n'est pas un phénomène de mode. Trop souvent, cependant, un événement de consolidation d'équipe est choisi, planifié et mis en œuvre sans tenir compte de l'exercice de consolidation d'équipe. Un exercice ou un événement de développement de l'esprit d'équipe ne résoudra pas les problèmes suivants, ni même ne les abordera :

Moral bas - Utiliser un exercice de consolidation d'équipe pour combattre le moral bas ne fonctionne pas ou ne résout pas le problème sous-jacent. Le moral bas des employés est le symptôme d'un problème plus vaste au sein du département, de la société ou de l'entreprise. Prendre un jour de congé pour discuter ou entreprendre des activités de groupe pour unir le groupe ne résoudra pas le problème sous-jacent.

Outil de gestion du changement - Un exercice de consolidation d'équipe n'est pas un outil de gestion du changement. Ces dernières années, alors que les budgets sont comprimés jusqu'au point de rupture, de nombreux dirigeants ont eu tendance à faire l'amalgame entre les deux. Il est important que nous, en tant que leaders, accordions à ces deux tâches très distinctes l'attention dont elles ont besoin.

Développement de la communication - Tout comme la baisse de moral, la communication est un problème interne qui ne peut être résolu par une dose annuelle de consolidation d'équipe.

Les événements de consolidation d'équipe ne sont ni le lieu ni le moment de diffuser des informations négatives sur l'organisation ou l'entreprise. Trop souvent, j'ai été témoin de ces exercices qui se sont transformés en une poignée d'individus tenant un grand groupe captif, forçant les autres à ressasser tous les aspects désagréables de l'environnement de travail.

Quel est l'objectif d'un événement de consolidation d'équipe?

L'objectif d'un événement de consolidation d'équipe est d'exposer vos employés à des occasions de développer de nouvelles capacités ou d'explorer de nouvelles idées et approches de problèmes communs dans une atmosphère non menaçante.

Le programme n'est pas destiné à servir de session de formation prolongée pour les membres du personnel qui possèdent déjà ou sont en train d'acquérir de nouvelles compétences au travail. Il ne s'agit pas non plus d'éduquer le personnel et les employés sur ce qu'ils "devraient" faire pour accomplir leur travail plus efficacement.

En dehors de cela, l'événement doit fournir des alternatives positives et inspirantes aux comportements actuels. Il doit encourager votre personnel à essayer de nouvelles choses, à penser différemment et à sortir des sentiers battus pour voir s'il possède un ensemble de compétences qu'il n'a jamais envisagé d'appliquer dans son rôle actuel au sein de votre organisation.

Réaliser une évaluation de vos activités de renforcement de l'esprit d'équipe et de vos attentes.

Malheureusement, les activités de développement d'équipe sont souvent organisées dans un moment de désespoir. Nous engageons des personnes qui n'ont aucun lien avec notre entreprise, notre produit ou notre service pour animer des activités, planifier des événements, etc. en "espérant" que les animateurs répondront aux besoins du personnel.

Avant de choisir un exercice de consolidation d'équipe, il est important que vous, en tant que responsable, examiniez la nécessité de l'activité et vos attentes à son égard. Tout d'abord, vous devez définir ce qu'est une activité de consolidation d'équipe et les attentes que vous avez pour cette activité.

J'ai assisté à des activités de consolidation d'équipe exceptionnelles et j'ai eu l'honneur de prendre la parole lors de quelques-unes d'entre elles. C'est pourquoi j'aimerais consacrer un peu de temps à souligner les nombreux facteurs qui ont contribué à rendre ces activités de renforcement de l'esprit d'équipe si mémorables, si bien suivies et si bien accueillies par le personnel, les dirigeants et les visiteurs.

Planification.

Un événement de consolidation d'équipe exige le même niveau de préparation et de planification qu'une conférence ou un autre événement commercial. Cet événement doit être plus qu'une journée passée à écouter ou à participer à l'activité favorite du dirigeant ou, pire, à écouter un orateur qui ne connaît pas le sujet et n'a pas fait ses devoirs.

Lors de l'organisation de l'événement, il convient d'inclure des séminaires structurés, planifiés et adaptés aux besoins spécifiques de votre équipe.

Cela dépendra de la taille de votre groupe. L'organisation de l'événement doit être similaire à celle d'une conférence ou d'un atelier bien organisé. Les dates et les formulaires d'inscription doivent mentionner tous les membres du personnel et prévoir un espace pour les commentaires.

Le programme ressemblerait à ceci:

Dans quarante-cinq minutes, nous commencerons par un mot de bienvenue et une revue des activités de la journée, puis nous présenterons les chefs d'atelier et les animateurs, l'emplacement des installations importantes et une discussion sur les activités facultatives. N'oubliez pas que les activités facultatives sont ce qu'elles sont ; il ne faut jamais exercer de pression pour participer aux activités facultatives.

Entracte de 15 minutes.

45 à 60 minutes Ateliers I et II.

Atelier I - Inspirant et optimiste - Le sujet peut porter sur des personnes difficiles ou sur des stratégies de communication. Pourtant, les mots-clés ici sont "optimiste" et "inspirant".

Combien d'ateliers avez-vous suivis dont le sujet semblait très pertinent au vu du titre, mais qui se sont rapidement révélés être une présentation ennuyeuse de quelques diapositives "pas très intéressantes" qui n'ont répondu à aucune question et ne vous ont pas enthousiasmé le moins du monde?

Atelier II - Une heure de développement des compétences avec un twist.

Combien de fois vous êtes-vous demandé, en tant qu'individu, "Comment ont-ils fait ça ?" "Mec, j'aimerais en savoir plus sur ce sujet". Nous n'avons pas le temps d'"apprendre" des talents non traditionnels pendant nos journées de travail trépidantes.

C'est une excellente occasion de donner à vos travailleurs et employés la possibilité d'étudier et de tester un ensemble de compétences dans lesquelles ils pourraient exceller. C'est également avantageux pour vous en tant que dirigeant, car vous renforcez votre vivier de talents internes.

Ces cours ont lieu simultanément ; en s'inscrivant à l'un ou l'autre, les participants s'engagent à apprendre quelque chose de nouveau et sont encouragés à faire profiter leur lieu de travail de leurs nouvelles compétences et connaissances. Chaque session doit comprendre un minimum de deux séminaires pour permettre à votre personnel de prendre des décisions favorables à la croissance.

Le déjeuner - 60 minutes - est un moment propice au réseautage. Les tables doivent être disposées de manière à ce que des groupes variés, et non des "amis", s'assoient ensemble, et chaque table doit compter au moins un dirigeant ou un manager (en mode écoute). Il est incroyable de voir à quel point les gens s'ouvrent lorsqu'ils déjeunent avec des inconnus, même si un dirigeant ou un patron est présent.

45 à 60 minutes Ateliers III et IV.

- Les ateliers III et IV sont structurés de manière similaire aux ateliers précédents. Bien que le sujet soit différent, il contient néanmoins des informations pertinentes que le personnel aimera entendre.

Clôture - La conclusion doit être inspirante et cérémoniale. Les employés qui ont énormément contribué au succès de l'entreprise doivent être honorés ici. C'est le moment pour vous d'expliquer à vos employés pourquoi ils sont des atouts précieux et contribuent à leur succès.

Comme vous pouvez le constater à partir de l'itinéraire ci-dessus, un événement de team building correctement conçu peut vous permettre de passer une journée entièrement productive et de stimuler de manière significative la croissance de votre entreprise.

Lorsqu'il est considéré comme une réflexion après coup, l'événement ne donne pas d'aussi bons résultats. La préparation est essentielle à la réussite de toute opportunité que vous créez en tant que dirigeant, que ce soit pour vos employés ou votre clientèle.

Coût.

Le coût d'un événement de consolidation d'équipe peut aller d'un prix abordable à un prix prohibitif. Voici quelques exemples d'événements de consolidation d'équipe que j'ai animés ou auxquels j'ai participé. L'aire de pique-nique d'un parc public a été utilisée, et les ateliers simultanés ont eu lieu sous les arbres du parc.

En raison du faible coût du terrain, mon associé a engagé une société de barbecue pour assurer la restauration de l'événement ; un ami agent immobilier a loué une grande maison vide à un autre associé ; là encore, en raison du faible coût de la location de la journée (location de tables, de meubles, etc.), la restauration était excellente ;

Un musée local de notre région possède deux merveilleuses salles de réunion inutilisées. Encore une fois, un petit prix a un impact significatif.

Que vous disposiez d'un budget restreint ou non, il est essentiel de se rappeler que vos employés sont des clients au même titre que les clients pour lesquels vous organisez des ateliers, des séminaires et des conférences.

Enfin, le coût est faible et l'objectif sous-jacent de l'événement de renforcement de l'esprit d'équipe est amélioré grâce à un meilleur effet et à l'engagement des employés envers des objectifs futurs.

CHAPITRE 6

Accroître la compétitivité grâce aux activités de renforcement de l'esprit d'équipe.

La compétitivité est importante pour le succès de toute organisation dans l'environnement mondialisé d'aujourd'hui. Le marché mondial extrêmement dynamique d'aujourd'hui nécessite une compétitivité des produits et services et, surtout, des équipes. La plupart des entreprises accordent une grande importance à la cohésion et à l'engagement de l'équipe, tout en gardant l'esprit de compétition à l'écart.

La compétitivité des équipes dépend de la motivation, de la discipline et d'un soutien approprié. Cependant, elle peut être le facteur décisif entre l'efficacité de votre équipe et le reste du domaine de l'entreprise. Les expériences et les activités de consolidation d'équipe constituent une excellente occasion d'encourager cet esprit.

Voici quatre stratégies permettant d'accroître la compétitivité lors des événements de team-building:

1. Donner le ton.

Avant d'entreprendre une activité de consolidation d'équipe, établissez le ton. Si la plupart des participants perçoivent les activités comme un pur plaisir, ils comprennent que la compétitivité joue un rôle important dans la consolidation d'équipe. Le choix d'une définition particulière aidera les membres à mieux s'aligner sur l'objectif, la vision et les valeurs de l'entreprise.

2. Soyez le premier à prendre l'initiative.

Encouragez chaque équipe à prendre l'initiative lors de chaque exercice de consolidation d'équipe. Vous pouvez également récompenser les équipes qui prennent l'initiative. Les personnes qui ont un esprit de tueur prennent généralement l'initiative dans tout projet, travail ou mission.

Une fois que les équipes participantes seront obligées de prendre l'initiative, elles développeront naturellement leur bravoure. De nombreux exercices de consolidation d'équipe sont réalisés par des institutions réputées qui conçoivent des activités encourageant l'initiative.

3. Établir des attentes.

Pour construire une attitude compétitive, il est préférable d'établir des attentes claires. L'établissement de perspectives très claires permet aux équipes de se concentrer et de focaliser leurs efforts.

La définition des attentes est également une composante essentielle d'un travail d'équipe efficace. Cela permet d'accroître la productivité et la compétitivité de votre équipe. Cela améliore également la cohérence des objectifs et favorise une utilisation efficace des ressources importantes telles que les personnes, le temps et l'argent.

4. Apprendre aux membres de la vapeur à résoudre les conflits.

Une concurrence excessive pourrait accroître les conflits. Il est de votre seule responsabilité de les éduquer sur les méthodes les plus efficaces pour résoudre les conflits internes et externes. Ceci est important dans un esprit de compétition. Grâce à des exercices de renforcement de l'esprit d'équipe, vous pouvez apprendre à votre équipe à être polie et à gérer les critiques. Placez-les dans un environnement qui met à l'épreuve leur esprit d'équipe.

Il est conseillé d'organiser une activité de consolidation d'équipe hors site qui permette aux employés de s'engager et de créer des liens. Le trekking peut être une excellente activité de consolidation d'équipe. Permettez aux employés de se réunir et de relever un défi en équipe avec pour toile de fond des lieux magnifiques.

Les quatre méthodes décrites ci-dessus augmenteront la compétitivité de vos employés et aideront votre entreprise à se développer à un rythme jamais vu auparavant.

CHAPITRE 7

Les fondements de la gestion de la diversité dans la constitution d'équipes.

À la base, la gestion de la diversité favorise la collaboration entre les employés. Elle a pour mission de rassembler des hommes et des femmes d'horizons divers pour en faire une équipe efficace axée sur un objectif commun.

Cela permet de réaliser des projets de grande envergure de manière efficace et avec peu de complications. En général, les chefs de projet dirigent ce type de formation avec des idées de renforcement de l'esprit d'équipe, en guidant le personnel à travers différents exercices de renforcement de l'esprit d'équipe.

Les individus doivent d'abord apprendre à communiquer les uns avec les autres. Une stratégie consiste à diviser un grand groupe d'individus en sous-groupes et à demander à chaque membre d'apprendre à connaître les antécédents et la personnalité des autres. Cela permet aux membres de l'équipe de mieux se connaître et de mieux comprendre ce que les individus ont rencontré dans leur propre vie.

Les employés peuvent également être tenus de suivre une série de cours de formation au cours desquels les idées préconçues sont déconstruites et démystifiées. Ces idées préconçues peuvent être fondées sur la couleur, l'orientation sexuelle ou l'âge d'une personne. Souvent, un psychologue ou un spécialiste en sociologie est invité à donner des conseils et à susciter la conversation. Les employés sont souvent invités à participer activement.

Des activités de dynamique de groupe peuvent également être incluses dans la session. Cela peut aller de la réalisation de sondages à la réponse à des questions en levant la main en l'air. Cela peut donner un aperçu de l'attitude générale des gens à l'égard de sujets spécifiques et contribuer à l'élaboration d'un accord global sur certaines questions cruciales.

Les managers doivent établir des objectifs clairement définis et informer tous les membres de l'équipe que des évaluations personnelles seront effectuées sur la base de ces objectifs. Lorsque le succès est défini, les membres de l'équipe comprennent ce qu'ils doivent faire pour être efficaces et obtenir des promotions. Ils devraient carrément aller de l'avant s'ils suivent les directives et accomplissent le travail assigné.

À l'occasion, il est bénéfique pour les membres de l'équipe de se réunir à l'extérieur du bureau dans un endroit discret. Qu'il s'agisse d'un bowling, d'un restaurant ou d'un événement sportif, cela peut favoriser la camaraderie et permettre aux autres de se rencontrer.

C'est particulièrement important lorsqu'il s'agit de réunir des employés qui n'auraient pas interagi autrement. Une fois que les hommes et les femmes comprennent mieux les forces de chacun, tous les aspects du projet devraient fonctionner plus harmonieusement.

Dans tous les cas, les gestionnaires de projet doivent veiller à ce que les activités soient brèves et directes. Cela devrait développer un sentiment de communauté parmi toutes les personnes impliquées. En outre, cela devrait leur laisser le temps de s'acquitter de leurs tâches professionnelles habituelles et d'autres corvées dans les délais prévus.

Lorsqu'ils recherchent des idées de renforcement de l'esprit d'équipe, les managers doivent envisager des activités qui rassemblent des personnes d'origines ethniques, d'orientations sexuelles, d'âges, de religions et de croyances différents.

En aidant les hommes et les femmes à voir ce qu'il y a de bon chez les autres, ces employés remarqueront plus facilement les compétences et les connaissances de leurs collègues, qui pourront être mises à profit pour leur réussite globale.

CHAPITRE 8

Ouvrir les lignes de communication pour impliquer tout le monde.

L'objectif des événements et des conférences de consolidation d'équipe est d'amener tous les membres d'une entreprise ou d'un service à coopérer pour atteindre un objectif commun. La communication en est un aspect essentiel. Que ce soit par courrier électronique, par téléphone ou en personne, des centaines de rencontres ont lieu chaque jour dans chaque bureau, magasin et entrepôt.

Les activités de consolidation d'équipe tentent d'inculquer l'importance d'une communication ouverte entre tous les membres de l'équipe. Toute rupture de communication peut avoir de graves conséquences. Les raisons d'une rupture de la communication sont nombreuses, mais trois des plus courantes sont énumérées ci-dessous.

1. L'effet du silo.

S'il peut sembler évident que la rétention d'informations peut créer des problèmes, les ruptures de communication ne sont pas toujours délibérées. Si un membre de l'équipe n'est pas à l'aise pour interagir avec ses coéquipiers ou s'il pense que sa contribution n'est pas importante, la rétention d'informations peut empêcher le reste de l'équipe de fonctionner, et c'est possible.

Cela peut être dû à la compétitivité, à la séparation géographique ou à des équipes distinctes qui ne veulent pas partager avec un autre groupe. Cela a souvent été démontré lors des sessions de développement d'équipe que j'anime.

Les causes de l'effet de silo sont nombreuses. Pourtant, il est difficile pour l'organisation de fonctionner au maximum de son efficacité et de son efficience sans abattre les murs et favoriser la collaboration entre toutes les équipes. Une fois que les équipes réalisent qu'elles doivent travailler ensemble pour résoudre les difficultés, la partie "consolidation d'équipe" de l'activité est terminée.

2. Chaque individu est important.

Un obstacle fréquent à la communication est la réticence à communiquer franchement avec les cadres supérieurs. Participer à des activités de renforcement de l'esprit d'équipe exigeant que chacun travaille en collaboration pour résoudre des énigmes ou des puzzles démontre que chacun est un membre à part entière de l'équipe.

Je me souviens d'un événement au cours duquel les équipes et les juges comprenaient toutes les personnes impliquées dans le projet. Des ouvriers de la chaîne de montage aux ingénieurs et aux cadres, tout le monde faisait partie de la même équipe.

Il était révélateur d'observer comment les différents niveaux géraient la résolution des problèmes. Lorsqu'un groupe reconnaît l'importance qu'offre chaque membre, il peut créer des liens. Lorsque les hauts dirigeants reconnaissent que le succès de leur entreprise dépend de tout le monde, de la direction jusqu'au bas de l'échelle, cela peut influencer le moral de l'entreprise.

3. Peur d'être incorrect.

Certains employés peuvent hésiter à donner des avis qui pourraient avoir une incidence négative sur eux. Si toutes les idées ne sont pas bonnes, les employés peuvent apprendre même s'ils ne voient pas d'impact direct sur leur contribution.

Les managers peuvent se renseigner sur les préoccupations ou les obstacles rencontrés par les employés et sur les raisons de ces problèmes. Toute contribution montre à l'entreprise ce que ses employés pensent et ce qu'ils apprécient. Être capable d'écouter un employé sans porter de jugement permet d'établir la confiance.

Comprendre et traiter les problèmes auxquels les employés sont confrontés et maintenir des lignes de communication ouvertes contribuent grandement à concentrer tout le monde sur l'objectif commun de l'équipe ou de l'entreprise.

Si la communication ne peut à elle seule garantir le succès de l'entreprise, son absence augmente considérablement les risques d'échec. Les événements de renforcement de l'esprit d'équipe constituent une excellente approche pour rassembler l'équipe et changer le cadre actuel.

CHAPITRE 9

Techniques de renforcement de l'esprit d'équipe pour les managers.

Votre équipe est la colonne vertébrale de votre entreprise. La façon dont tout fonctionne ensemble et la façon dont vous la dirigez peuvent faire ou défaire le succès de votre entreprise. La constitution d'une équipe peut être difficile. Chaque membre de l'équipe offre un ensemble unique de talents et de faiblesses.

En tant que manager et chef d'équipe, vous avez également des compétences et des lacunes qui contribuent au succès de votre équipe. Dans le secteur concurrentiel d'aujourd'hui, il est essentiel de comprendre comment relier les pièces du puzzle d'une équipe performante. Voici quelques suggestions pour vous aider à former une équipe performante.

Comprendre comment vous travaillez.

Pour commencer, vous devez comprendre votre mode de fonctionnement.

Comment décririez-vous votre style de leadership ?

Êtes-vous un bon communicateur et un leader efficace ?

Procédez à une évaluation essentielle de vous-même, comme vous le feriez pour un employé, et restez réceptif aux domaines à développer. Peut-être avez-vous besoin d'améliorer vos compétences en communication ou d'apprendre à donner l'exemple. Peut-être qu'une formation en vente ou en leadership serait bénéfique à votre style de gestion et vous aiderait à développer une équipe performante.

Reconnaissez votre équipe.

Les membres de votre équipe sont plus qu'une simple collection de corps entassés dans des sièges de bureau. Ce sont des individus aux personnalités diverses, et chacun apporte au groupe une composante unique de l'équipe. Faites l'effort d'apprendre à connaître vos coéquipiers. Chaque semaine, prévoyez du temps pour que l'équipe se réunisse, se détende et apprenne à se connaître.

Ce sentiment de camaraderie renforce les relations entre les membres de l'équipe et permet à l'équipe de fonctionner plus efficacement dans son ensemble. De plus, si chaque membre de l'équipe se sent important et respecté, votre équipe sera plus efficace puisque chacun se sent apprécié et reconnaît ses pensées et ses capacités.

Rôles et responsabilités clairement définis.

Une fois que vous avez appris à connaître chaque membre de l'équipe et identifié ses points forts et ses limites, vous pouvez définir les tâches et les responsabilités de chacun. Il se peut qu'un membre de l'équipe ne soit pas particulièrement compétent dans son métier, mais qu'il excelle à maintenir l'équipe sur la bonne voie.

Cette personne contribuera de manière significative au succès de l'équipe en la faisant avancer et en vous faisant économiser de l'argent en évitant les mauvais jugements ou en laissant l'équipe stagner.

Un autre membre de l'équipe peut posséder des compétences exceptionnelles en communication et la capacité d'établir des relations avec une grande variété de personnes. Cette personne est précieuse car elle peut définir les objectifs de l'équipe et les communiquer efficacement à ses membres.

Votre équipe est semblable à un puzzle composé de nombreux éléments uniques. Vous devez comprendre comment ils s'intègrent tous ensemble et les rôles qu'ils jouent chacun au sein de l'équipe. Vous pouvez ensuite tirer parti de leurs forces et de leurs capacités et définir clairement leurs rôles au sein de l'équipe afin d'assurer son bon fonctionnement.

Reconnaître que le retour d'information est une voie à double sens.

Le feedback est une ressource inestimable. Il vous informe des performances de votre équipe et des points à améliorer. Vous pouvez mettre en place un système de retour d'information formel ou informel. En étant proactif avec le feedback, vous pouvez aider votre personnel à s'améliorer chaque jour et à éviter de graves difficultés. Évitez d'être un manager réactif ; au contraire, soyez proactif en écoutant les commentaires de votre équipe et en fournissant un retour constructif de votre côté.

Reconnaître, respecter et féliciter.

Tout le monde aime être récompensé, et tout le monde apprécie le respect. Reconnaissez et respectez un membre de l'équipe qui se surpasse. Cela démontre la valeur de votre équipe, qui redoublera d'efforts pour atteindre son objectif. Prenez le temps d'apprécier vos réalisations.

Même les réalisations mineures méritent d'être reconnues, même si elles sont aussi simples que le fait de recevoir une boîte à lunch un jour. Le renforcement positif et la reconnaissance aideront à motiver et à maintenir l'engagement de votre équipe à bien travailler ensemble.

En tant que chef d'équipe et manager, vous avez la responsabilité de développer une équipe efficace et de la maintenir sur la bonne voie. Utilisez ces cinq techniques pour former une équipe efficace et mener à bien la tâche à accomplir.

Lorsque vous connaissez les forces et les limites de votre équipe, vous pouvez collaborer à la mise en place d'une équipe efficace et performante qui non seulement atteindra mais dépassera les objectifs de votre entreprise.

CHAPITRE 10

Améliorer l'efficacité de votre stratégie de consolidation d'équipe.

Oui, il est important de travailler quotidiennement sur la dynamique de votre équipe, en la contrôlant et en la modifiant si nécessaire. Toutefois, les journées de renforcement de l'esprit d'équipe particulièrement développées ont leur place. Rappelez-vous simplement que si vous devez organiser un événement de consolidation d'équipe, il doit apporter de la valeur. Après tout, la formation est coûteuse, et même les participants attendent un retour sur leur temps et leurs efforts.

Il importe peu que vous vous livriez à des activités de renforcement de l'esprit d'équipe, que vous compiliez une liste de règles d'équipe ou que vous discutiez des problèmes de l'équipe. Ce qui compte le plus, c'est la façon dont vous faites quelque chose, pas ce que vous faites. Comprendre ce dont les équipes ont besoin pour bien fonctionner vous permettra de mieux comprendre comment améliorer les procédures d'équipe (pas seulement lors d'un événement spécifique de renforcement de l'esprit d'équipe mais aussi au quotidien).

Ce que les équipes exigent.

Pour être productives, c'est-à-dire pour fonctionner comme une unité cohésive et accomplir plus que ce qui est possible individuellement, les équipes ont besoin de certains aspects importants dans leur environnement. Bien que ces caractéristiques ne soient pas difficiles à atteindre, elles nécessitent un certain travail de la part du chef d'équipe ou du propriétaire de l'entreprise.

La recherche a démontré à plusieurs reprises que ces éléments sont essentiels à l'efficacité des équipes. Il ne s'agit pas d'éléments "new age", "sentimentaux" ou "qui font perdre du temps". Ce sont les fondements du travail en équipe, et les entreprises qui réalisent leur valeur et cherchent à les maintenir sont récompensées par des équipes qui surpassent largement leurs homologues plus ordinaires.

Renforcer les performances de l'équipe.

Si vous avez l'intention de stimuler les performances de votre équipe, il ne s'agit pas seulement de les "remettre en forme". Il s'agit d'établir le cadre optimal pour qu'ils puissent donner le meilleur d'eux-mêmes.

Il s'agit également d'accepter et de comprendre votre rôle de leader/entraîneur et de développer les capacités nécessaires pour construire l'équipe que vous méritez. Comme le disent souvent les meilleurs entraîneurs sportifs du monde, la carrière de l'entraîneur est compromise lorsqu'une équipe n'est pas performante !

Par conséquent, examinons ce dont une équipe a besoin pour être efficace.

Les cinq domaines d'efficacité.

1. Mission de l'équipe. Chaque membre de l'équipe doit comprendre pourquoi l'équipe fait ce qu'elle fait. Que tente d'accomplir l'entreprise et comment l'équipe contribue-t-elle à cet effort ?

Chaque membre de l'équipe doit comprendre les priorités de l'équipe, en particulier lorsqu'elles changent et comment le fait de travailler selon des priorités erronées nuit à la capacité de l'équipe d'atteindre son objectif.

2. Réalisation des objectifs. Le rôle du chef d'équipe est d'aider l'équipe à définir ses objectifs (tant collectifs qu'individuels) et de lui fournir un retour d'information sur ses progrès vers la réalisation de ces objectifs. Ce retour doit être constant, sincère et non culpabilisant.

L'équipe, tant collectivement qu'individuellement, doit également contribuer à l'élaboration de ces objectifs. Par-dessus tout, le chef d'équipe doit aider l'équipe à atteindre ses objectifs en lui offrant assistance et ressources.

3. Autodétermination. Bien que l'équipe doive travailler à l'atteinte des objectifs de l'entreprise et selon les normes de celle-ci, l'équipe et ses membres ont besoin d'un certain degré d'autonomie dans la prise de décision et l'activité.

Cela ne signifie pas que tout est permis. Cela implique néanmoins que chacun ait son mot à dire dans sa vie quotidienne, y compris dans sa vie professionnelle, plutôt que d'imposer son autorité ; essayez de développer le niveau de compétences d'une équipe en la guidant.

Les capacités techniques et interpersonnelles (regroupées sous le terme d'intelligence émotionnelle) sont nécessaires pour que les membres de l'équipe s'approprient leur travail et agissent de manière appropriée.

L'encadrement et la modélisation favoriseront l'appropriation et l'indépendance, permettant au chef d'équipe de "déléguer" de nombreuses tâches opérationnelles et de se concentrer sur des responsabilités de gestion plus importantes.

4. Une communication transparente et franche. La communication doit être franche, opportune et bidirectionnelle. Il ne s'agit pas d'une relation maître-esclave mais plutôt d'un engagement entre adultes sur un pied d'égalité (bien sûr, cela nécessite un haut niveau d'intelligence émotionnelle de la part des deux parties).

Lorsque les travailleurs sont traités avec dignité et respect, la grande majorité d'entre eux répondent par des efforts et des résultats accrus. Lorsque chacun se sent à l'aise pour s'exprimer avec courtoisie, toute l'équipe est plus performante et le consommateur le remarque ! Les conflits sont minimisés et traités plus rapidement, et les individus maîtrisent mieux leurs comportements.

5. Modèles de rôle positifs et normes sociales. Les individus apprennent mieux par l'observation, l'analyse et la pratique.

Qu'observent-ils dans votre entreprise lorsqu'ils observent le comportement du chef d'équipe ?

Le chef d'équipe et tous les autres superviseurs font-ils preuve du type de comportement qu'ils souhaitent voir adopter par les membres de leur équipe ?

Ou s'agit-il plutôt d'une situation du type "faites ce que je dis, pas ce que je fais" ?

Les membres de l'équipe doivent avoir des modèles positifs, et du temps et des efforts doivent être investis dans la formation et le développement des compétences afin d'extraire la performance maximale de chaque membre de l'équipe.

Enfin, le renforcement de l'esprit d'équipe est une composante nécessaire de l'ensemble de votre plan d'amélioration de l'entreprise. Ne l'utilisez pas comme un pansement ou une panacée ; il est inefficace dans les deux cas. Elle doit découler naturellement des diverses actions quotidiennes que vous menez pour maintenir votre équipe en bonne santé.

CHAPITRE 11

Utiliser les jeux de construction d'équipe pour repenser la stratégie du groupe.

En se concentrant sur les méthodes de groupe et en soulignant les différentes forces et faiblesses par le biais d'activités de renforcement de l'esprit d'équipe, on peut augmenter de manière significative la productivité de tout groupe ou organisation.

En utilisant des principes psychologiques fondamentaux et des valeurs établies, des instructeurs spécialisés dans la gestion du changement peuvent aider toute équipe à obtenir de meilleurs résultats dans son environnement de travail.

Des activités stimulantes et agréables, à l'intérieur ou à l'extérieur, dans différents endroits du pays, peuvent être une excellente méthode pour toute entreprise afin d'établir de nouvelles priorités et des techniques adaptables.

Les coéquipiers peuvent acquérir une nouvelle perspective sur le lieu de travail et bénéficier de nouvelles techniques et réflexions. L'utilisation d'un cours de renforcement de l'esprit d'équipe entièrement autorisé peut faire toute la différence en donnant le coup de pouce nécessaire à l'équipe d'une entreprise.

Les conséquences positives de la résolution de problèmes.

Chaque entreprise et chaque employé est confronté chaque jour à des obstacles et à des problèmes qui doivent être abordés et résolus. L'écart entre les organisations qui réussissent et celles qui échouent est souvent déterminé par leur capacité à résoudre ces difficultés.

Ce n'est là qu'un des domaines dans lesquels les jeux de team building d'entreprise peuvent être bénéfiques. Les activités de renforcement de groupe peuvent contribuer à remonter le moral et à améliorer la communication des individus et des membres du groupe en s'appuyant sur des concepts psychologiques fondamentaux.

Les instructeurs de développement d'équipe pleinement accrédités peuvent favoriser le développement d'équipe différemment en sortant les individus de leur contexte de travail quotidien pour se concentrer sur des compétences vitales. Une pause de travail dans l'un des nombreux endroits du pays peut s'avérer être un investissement significatif et gratifiant pour toute entreprise ou société.

Comment les jeux de consolidation d'équipe peuvent vous aider à vous sentir plus satisfait de votre travail.

Tout manager et chef d'équipe devrait se préoccuper d'accroître la satisfaction et le moral des employés et des collègues au travail. De nombreuses études ont démontré de manière décisive que des employés satisfaits sont plus productifs et, en fin de compte, plus bénéfiques pour leurs employeurs que des employés mécontents.

Par conséquent, tout gestionnaire prudent devrait avoir pour objectif d'employer toute stratégie permettant d'améliorer ces importantes perceptions de valeur et d'utilité. Un cours de stratégie de groupe entièrement approuvé est l'un des moyens les plus efficaces d'y parvenir.

Des instructeurs qualifiés peuvent collaborer avec les chefs d'équipe et les managers pour créer un programme adapté aux besoins uniques de chaque groupe de collègues et de collaborateurs. Les activités de team building en intérieur et en extérieur peuvent faire une différence significative en termes d'amélioration des relations et de la communication sur le lieu de travail.

Les entreprises et les organisations de tous types peuvent tirer un grand profit de ces pauses de travail et feraient bien d'en étudier les avantages potentiels.

CHAPITRE 12

Facilitation de la constitution d'équipes et mentorat.

Les mentors jouent-ils un rôle dans le développement des équipes ? Il semble que oui, et il est également logique que lorsqu'un membre fort de l'équipe encadre un nouveau venu ou un membre plus faible, les résultats sont étonnants. Il est passionnant de voir ce que ce membre de l'équipe, plus jeune ou plus faible, est capable d'accomplir.

En tant que manager, il est important de faciliter cette forme de mentorat parmi certains membres de l'équipe lorsqu'on les gère. Si l'équipe compte trois ou quatre joueurs solides, chacun d'entre eux devrait parrainer un ou deux des membres juniors de l'équipe. Tenter d'établir des liens communs facilitera ce processus.

Il existe plusieurs façons d'y parvenir et, avec un encadrement approprié, cela peut devenir aussi naturel que de faire du vélo. Trop souvent, les membres juniors de l'équipe sont conscients qu'ils ne peuvent pas concourir au même niveau que les membres seniors de l'équipe qui possèdent les qualifications et l'expérience nécessaires pour jouer.

Toutefois, cela ne signifie pas qu'ils ne le feront pas à l'avenir ; il est essentiel de les associer à une superstar dotée de la mentalité appropriée pour assurer leur réussite.

Tous les grands joueurs ne possèdent pas les attributs de personnalité ou la patience nécessaires pour servir de figure paternelle aux membres de l'équipe junior. Beaucoup n'en ont pas la capacité, et ils peuvent faire plus de mal que de bien à un jeune membre de l'équipe.

Lorsque vous gérez une équipe, il est important d'identifier les employés qui peuvent aider les autres et faire progresser le reste de l'équipe. Néanmoins, certains types de personnalité sont capables de remplir cette fonction. J'espère que vous y réfléchirez.

Une promotion est toujours un événement important. Le plus difficile est d'aller constamment de l'avant et de ne pas se cacher derrière ce que vous aviez l'habitude d'accomplir dans votre ancien travail. La transition de manager à cadre est l'une des plus importantes.

Les cadres doivent prendre en compte et agir sur des questions très différentes de celles auxquelles sont confrontés leurs homologues de la direction. La façon la plus simple de résumer est de dire que nous devons penser et gérer de façon stratégique, ce qui n'est pas quelque chose auquel la plupart des gens sont habitués.

Il existe également un autre problème. Les équipes de direction sont généralement composées de personnes motivées et motivées de manière similaire. Toute équipe présentant trop de similitudes et pas assez de différences risque d'être déséquilibrée au point de devenir dysfonctionnelle et d'être victime de la "pensée de groupe", dans laquelle les membres de l'équipe sont d'accord sur tout, même lorsque leurs décisions sont radicalement incorrectes. La constitution d'une équipe de direction peut être bénéfique.

Sans aucun doute, l'un des points communs sera que tous les membres de l'équipe seront suffisamment intelligents pour surmonter les faiblesses de l'équipe s'ils les saisissent en premier lieu. Ainsi, si une activité d'équipe bien choisie les aide à identifier le problème, l'équipe peut commencer à se réparer.

En résumé, si une équipe de direction choisit une option de consolidation d'équipe, elle doit se concentrer sur la gestion stratégique. Pendant le briefing, elle identifiera les lacunes de l'équipe et commencera à mettre en place des mesures pour les éviter.

Lorsqu'il s'agit de fonctionner de manière stratégique, le premier problème de tout nouveau dirigeant est de définir une stratégie. Non pas ce qu'est "leur" plan, mais comment celui-ci se présente dans la pratique. Un processus est un hybride d'une vision, d'un objectif et d'une méthodologie. Il s'agit de la destination qu'une organisation souhaite atteindre, du délai dans lequel elle souhaite y arriver et de l'approche qu'elle souhaite suivre en cours de route.

La gestion stratégique consiste à mettre en œuvre le plan de manière cohérente dans toute l'organisation afin de le rendre utile et finalement efficace. Chaque employé doit comprendre ce que cela signifie pour son travail et s'en servir pour prendre des décisions au quotidien, et la gestion stratégique consiste à concrétiser cette vision.

En général, les activités de consolidation d'équipe ne sont pas conçues pour attirer l'attention sur les questions stratégiques. Les décisions tactiques sont généralement à l'ordre du jour. Les adeptes du "tir à l'aveuglette" s'en sortent mieux que ceux qui préfèrent planifier méticuleusement avant de commencer.

L'activité choisie doit donc en tenir compte. L'exercice doit être complet et suffisamment long pour donner aux penseurs stratégiques une véritable chance d'influencer l'approche de l'équipe. Il doit également permettre aux équipes d'utiliser cette stratégie tout au long de l'activité afin que le succès ou l'échec de l'approche de l'équipe puisse être évalué lors du débriefing.

En ce qui concerne le débriefing, cette session est la composante la plus importante de tout l'exercice. Elle doit être bien pensée et principalement menée par l'équipe elle-même afin d'identifier véritablement les failles de l'équipe. C'est-à-dire qu'elle doit être documentée.

La fonction d'un facilitateur à ce stade devrait être d'aider l'équipe à identifier les défis créés par leur approche de la tâche, et non de se tenir devant et de leur dire où ils se sont trompés. Cela aide rarement une équipe à comprendre l'apprentissage disponible ou à le transférer sur le lieu de travail, où il peut faire la différence.

Lorsque vous planifiez une journée d'excursion pour les cadres supérieurs, n'oubliez pas que vous devez leur offrir quelque chose d'approprié à leur type d'équipe et de tâche. C'est une excellente stratégie!

CONCLUSION.

"Aucun de nous n'est aussi intelligent que nous tous", est une phrase célèbre de Ken Blanchard. Bien que certains puissent se demander si elle est grammaticalement correcte, la signification de cette citation est tout à fait vraie. Un effort commun est toujours plus productif qu'un effort individuel. En se concentrant sur les compétences de chaque individu, une bonne équipe peut accomplir encore plus.

L'ingrédient fondamental d'une équipe efficace, ce sont les membres de l'équipe. Il est arrivé à maintes reprises que des projets de groupe échouent ou fonctionnent moins bien qu'ils ne le devraient parce qu'une personne ne faisait pas le poids.

Eric Fox a suggéré que les tâches principales d'un groupe de travail sont les suivantes : l'aviseur (communicateur d'idées), le créateur (générateur d'idées), l'exécuteur (metteur en œuvre d'idées), le raffineur (challenger d'idées) et le travailleur flexible pour toutes les autres tâches. Il est crucial que chaque membre du groupe occupe le rôle dans lequel il est le plus naturellement à l'aise. Cela peut être dû à un manque de paresse, de motivation ou au fait que le membre ne comprend pas les objectifs du groupe.

J'ai fait partie de groupes très efficaces et moins efficaces. En tant que manager expérimenté, j'ai fait partie d'une équipe particulière où de nombreux collègues avec lesquels je me suis lié pouvaient faire entrer et sortir les clients en un rien de temps. Je suppose que c'était parce que nous pouvions communiquer de la même manière et que nous avions des schémas cognitifs similaires.

Comme nous avions tous la même compréhension, il y avait moins d'explications et plus de travail terminé. En tant que manager, je considère souvent ce que je peux faire dans un groupe et ce que mes actions permettent aux autres d'accomplir avec mon style cognitif.

Cependant, je peux négliger l'idée que les autres peuvent ne pas partager mon point de vue et choisir de faire autre chose. C'est pourquoi il est essentiel de transmettre efficacement les objectifs à toutes les parties prenantes. Merci de votre lecture.

Compétences de gestion pour les gestionnaires

1. Gestion du temps pour les managers

2. Coaching des employés pour les managers

3. Développement de l'esprit d'équipe pour les managers

4. Confiance en soi pour les managers

5. Techniques de négociation pour les managers

6. Compétences en matière de service à la clientèle pour les managers

7. A venir

www.ingramcontent.com/pod-product-compliance
Lightning Source LLC
Chambersburg PA
CBHW070116230526
45472CB00004B/1278